Band 2
Der geheimnisvolle Ritter

D0937799

Das magische Baumhaus

Mary Pope Osborne

Der geheimnisvolle Ritter

Aus dem Amerikanischen
übersetzt von Sabine Rahn
Illustriert von Jutta Knipping

LOEWE

Der Umwelt zuliebe ist dieses Buch
auf chlorfrei gebleichtem Papier gedruckt.

ISBN 978-3-7855-3592-9
10. Auflage 2007
Titel der Originalausgabe: The Knight at Dawn
© 1993 Mary Pope Osborne.
Alle Rechte vorbehalten
Erschienen in der Original-Serie *Magic Tree House*™.
Magic Tree House™ ist ein Trademark von Mary Pope Osborne,
das der Originalverlag in Lizenz verwendet.
Veröffentlicht mit Genehmigung des Originalverlags,
Random House Children's Books, a division of Random House, Inc.
© für die deutsche Ausgabe 2000 Loewe Verlag GmbH, Bindlach
Aus dem Amerikanischen übersetzt von Sabine Rahn
Umschlagillustration: Jutta Knipping
Umschlaggestaltung: Andreas Henze
Printed in Germany (007)

www.loewe-verlag.de

Inhalt

Der dunkle Wald

Philipp konnte nicht schlafen. Er setzte seine Brille auf und sah auf den Wecker. Fünf Uhr dreißig. Zu früh, um aufzustehen. Gestern waren so viele seltsame Dinge geschehen, über die er nachdenken musste.

Er machte das Licht an, holte sein Notizbuch und las sich die Liste durch, die er sich gemacht hatte, ehe er zu Bett gegangen war:

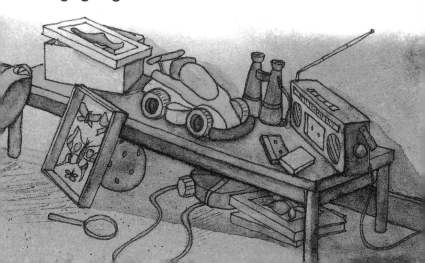

Baumhaus im Wald gefunden
viele Bücher darin entdeckt
in einem Buch auf Bild
von Pteranodon gedeutet
etwas gewünscht
in die Zeit der Dinosaurier gereist
auf Bild von
Pepper Hill - Wäldern gedeutet
etwas gewünscht
wieder zu Hause in Pepper Hill gewesen

Philipp rückte seine Brille zurecht.
Wer würde ihm das wohl glauben?

Seine Mutter jedenfalls nicht. Sein
Vater auch nicht. Und erst recht nicht
seine Klassenlehrerin, Mrs Watkins.
Höchstens seine siebenjährige
Schwester Anne. Aber die war ja auch
dabei gewesen, als sie bei den
Dinosauriern waren.

„Kannst du nicht schlafen?" Es war
Anne, die in seiner offenen Zimmertür
stand.

„Nee", antwortete Philipp.

„Ich auch nicht", seufzte Anne. „Was
machst du denn da?"

Sie kam rüber zu Philipp und las
seine Liste.

„Du hast die goldene Medaille
vergessen", sagte sie.

Philipp nahm seinen Füller und
schrieb:

Das O in der Urzeit gefunden

„Willst du nicht noch das M auf die
Medaille malen?", fragte Anne.

„Medaillon", verbesserte Philipp seine
kleine Schwester, „nicht Medaille."

Er malte ein M in seine Zeichnung.

„Und schreibst du nichts über den
Zauberer?", fragte Anne weiter.

„Wir wissen doch gar nicht, ob es
überhaupt einen Zauberer gibt",
widersprach Philipp.

„Aber irgendjemand muss doch das
magische Baumhaus gebaut und die

Bücher dort hingelegt und die goldene Medaille in der Urzeit verloren haben!"

„Medaillon!", verbesserte Philipp sie zum zweiten Mal. „Ich schreibe nur die Tatsachen auf. Das, was wir wirklich wissen."

„Lass uns gleich noch mal zum Baumhaus gehen und nachschauen, ob der Zauberer nicht auch so eine Tatsache ist", schlug Anne vor.

„Bist du verrückt?", rief Philipp. „Die Sonne ist ja noch nicht einmal aufgegangen!"

„Komm schon!", drängte Anne. „Vielleicht können wir ihn im Schlaf überraschen."

„Ich glaube nicht, dass wir das tun sollten", sagte Philipp zögernd. Was, wenn es ein böser Zauberer war? Oder wenn er gar nicht wollte, dass irgendwelche Kinder von seinem Baumhaus wussten?

„Also, ich gehe jedenfalls!", sagte Anne entschlossen.

Philipp sah aus dem Fenster auf den dunkelgrauen Himmel. Es dämmerte schon. Er seufzte.

„Na gut, ziehen wir uns an und treffen uns an der Verandatür. Sei aber leise!"

„Klar!", flüsterte Anne zurück und schlich aus dem Zimmer.

Philipp zog seine Jeans, einen warmen Pulli und Turnschuhe an. Er packte sein Notizbuch und einen Stift in seinen Rucksack und schlich sich nach unten. Anne wartete schon auf ihn. Sie leuchtete ihm mit ihrer Taschenlampe ins Gesicht.

„Hui, ein Zauberstab!", flüsterte sie und kicherte.

„Psst!", machte Philipp. „Du weckst noch Mama und Papa auf! Und mach die Taschenlampe aus. Wir wollen schließlich nicht, dass uns jemand sieht."

Anne nickte. Sie machte die Taschenlampe wieder aus und befestigte sie an ihrem Gürtel.

Die beiden schlichen aus dem Haus, hinaus in die kühle Morgenluft. Die ersten Vögel zwitscherten, und der Hund von nebenan bellte.

„Still, Henry!", flüsterte Anne.

Henry hörte auf zu bellen. Seltsam, Tiere taten fast immer, was Anne ihnen sagte.

„Los, rennen wir!", schlug Philipp vor.

Sie liefen über den taufeuchten, dunklen Rasen und hielten erst an, als sie den Wald erreicht hatten.

„Jetzt brauchen wir deine Taschen-lampe", sagte Philipp. „Gut, dass du daran gedacht hast."

Anne nahm sie vom Gürtel und machte sie an. Leise und vorsichtig gingen sie voran. Philipp hielt den Atem an. Es war unheimlich in dem dunklen Wald.

„Buh!", rief Anne plötzlich und leuchtete Philipp mit der Taschenlampe ins Gesicht.

Philipp zuckte zusammen – dann runzelte er die Stirn. „Lass den Quatsch!", zischte er.

„Erwischt!", sagte sie grinsend.

Philipp starrte sie wütend an.

„Sei nicht so albern!", flüsterte er. „Das hier ist eine ernste Sache!"

„Schon gut!"

Anne leuchtete mit der Taschenlampe in die Baumwipfel.

„Was machst du denn jetzt?", fragte Philipp.

„Ich suche das Baumhaus."

Der Lichtkegel blieb stehen. Da war das geheimnisvolle Baumhaus. Ganz oben im Wipfel des höchsten Baumes im ganzen Wald.

Anne ließ den Lichtstrahl die Leiter herunterwandern, die zum Baumhaus hinaufführte.

„Ich klettere hoch", sagte sie.

Sie packte die Taschenlampe fester und begann zu klettern.

„Warte!", rief Philipp. Was, wenn wirklich jemand oben war? „Anne, komm zurück!"

Aber sie war schon verschwunden. Der Lichtstrahl war nicht mehr zu sehen. Philipp war allein in der Dunkelheit.

Wieder unterwegs

„Keiner da!", rief Anne nach unten.

Philipp wollte wieder nach Hause, aber dann fielen ihm die vielen Bücher oben im Baumhaus ein. Er kletterte hoch. Als er fast oben war, sah er, dass der Himmel langsam hell wurde. Er krabbelte durch das Loch im Boden und setzte seinen Rucksack ab.

Es war dunkel im Baumhaus. Anne leuchtete mit ihrer Taschenlampe über die Bücher.

„Sie sind noch alle da", sagte sie.

Auf dem Dinosaurier-Buch verharrte der Lichtkegel einen Moment. Dieses Buch hatte sie in die Urzeit gebracht.

„Erinnerst du dich an den Tyrannosaurus?", fragte Anne.

Philipp schüttelte sich. Natürlich
erinnerte er sich. Wie könnte er je die
Begegnung mit einem echten, lebenden
Tyrannosaurus rex vergessen?

„Erinnerst du dich auch an das Bild
von Pepper Hill?"

„Klar!", antwortete Philipp. Dieses Bild
hatte sie wieder nach Hause gebracht.

„Das da ist mein Lieblingsbuch", sagte
Anne.

Sie deutete mit dem Lichtschein auf
ein Buch mit Rittern und Burgen. Ein
blaues, ledernes Lesezeichen steckte
darin. Anne schlug das Buch auf der
Seite mit dem Lesezeichen auf und
betrachtete ein Bild von einem Ritter,
der auf einem schwarzen Pferd auf ein
Schloss zu ritt.

„Anne", sagte Philipp, „mach das Buch zu. Ich weiß genau, was du jetzt denkst!"

Anne deutete auf den Ritter.

„Nicht, Anne!"

„Wir wünschen uns, dass wir diesen Typen in Wirklichkeit sehen können", sagte Anne.

„Nein, wollen wir nicht!", rief Philipp.

Sie hörten ein seltsames Geräusch.

„Üüahhh!"

Es hörte sich an wie das Wiehern eines Pferdes. Die beiden Geschwister rannten zum Fenster des Baumhauses und spähten nach unten.

„Oh nein!", flüsterte Philipp.

„Ein Ritter!", flüsterte Anne.

Da ritt ein Ritter in einer glänzenden Rüstung durch den Wald von Pepper Hill! Auf einem schwarzen Pferd.

Dann kam Wind auf. Die Blätter begannen zu zittern.

Da war es wieder.

„Wir sind wieder unterwegs!", schrie Anne. „Leg dich hin!"

Der Wind wehte heftiger. Die Blätter zitterten stärker.

Das Baumhaus begann sich zu drehen. Immer schneller.

Philipp kniff die Augen fest zu.

Dann war alles ruhig. Absolut still.

Philipp öffnete die Augen. Er zitterte. Die Luft war kühl und feucht. Von unten hörten sie wieder das Wiehern eines Pferdes.

„Ich glaube, wir sind da", flüsterte Anne, das Buch noch in der Hand.

Philipp sah aus dem Fenster.

Aus dem Nebel tauchte ein riesiges Schloss auf.

Er sah sich um. Das Baumhaus war
jetzt in einer anderen Eiche. Und unten
ritt der Ritter auf dem schwarzen Pferd
vorüber.

„Wir können nicht hier bleiben", sagte
Philipp. „Wir müssen erst nach Hause
und einen Plan machen."

Er nahm das Buch über Pennsylvania
in die Hand und schlug die Seite mit
dem roten Lesezeichen auf. Er deutete

auf die Fotografie von Pepper Hill und sagte: „Ich wünschte …"

„Nein!", rief Anne und riss ihm das Buch aus der Hand. „Lass uns hier bleiben. Ich will mir das Schloss anschauen!"

„Du bist verrückt!", antwortete Philipp. „Wir müssen die Angelegenheit erst näher untersuchen. Aber von zu Hause aus!"

„Untersuchen wir sie doch hier!", widersprach Anne.

„Komm schon, gib es mir zurück!" Philipp streckte seine Hand aus.

Anne gab ihm das Buch. „Okay, du kannst ja nach Hause gehen. Ich bleibe!"

Sie befestigte die Taschenlampe wieder an ihrem Gürtel.

„Warte!", rief Philipp.

„Ich will mich nur umschauen, ganz kurz!" Und schon war sie draußen auf der Leiter.

Philipp stöhnte. Na gut, sie hatte gewonnen. Er konnte sie schließlich nicht hier lassen. Außerdem war er selbst eigentlich auch ein bisschen neugierig.

Er legte das Buch über Pennsylvania zur Seite. Das Ritter-Buch steckte er in seinen Rucksack und kletterte die Leiter hinunter.

Über die Brücke

Anne war schon unten und sah über den nebligen Boden. „Ich glaube, der Ritter reitet zu der Brücke, die in das Schloss führt."

„Warte, ich schaue nach", sagte Philipp. „Gib mir die Taschenlampe."

Er nahm die Taschenlampe und holte das Ritter-Buch aus dem Rucksack. Er öffnete die Seite mit dem ledernen Lesezeichen drin und las, was unter dem Bild stand:

Dieser Ritter reitet zu einem Schlossfest. Ritter trugen ihre Rüstungen, wenn sie lange und gefährliche Reisen unternahmen. Die

Rüstung war sehr schwer. Allein der Helm konnte bis zu zwanzig Kilo wiegen.

Mann! Philipp hatte zwanzig Kilo gewogen, als er fünf Jahre alt war. Also ritt so ein Ritter quasi mit einem fünf-jährigen Kind auf dem Kopf herum!

Philipp nahm sein Notizbuch heraus. Er wollte sich Notizen machen, genau wie bei ihrer Reise zu den Dinosauriern.

Er schrieb:

schwerer Kopf

Was sonst noch? Er blätterte im Ritter-Buch und fand ein Bild, auf dem das ganze Schloss zu sehen war.

„Der Ritter reitet über die Brücke", sagte Anne. „Er reitet durch das Tor. Jetzt ist er weg."

Philipp betrachtete die Brücke auf dem Bild und las:

Eine Zugbrücke führte über den Burggraben. Der Burggraben war mit Wasser gefüllt und sollte Feinde vom Schloss fern halten. Einige Leute behaupten, man hätte Krokodile im Burggraben gehalten.

Philipp schrieb in sein Notizbuch:

Krokodile im Burggraben?

„Sieh mal!", rief Anne und deutete in den Nebel, „da ist eine Windmühle! Gleich dort drüben!"

„Ja, hier ist auch eine Windmühle", sagte Philipp und deutete auf das Bild im Buch.

„Schau dir doch die richtige

Windmühle an, Philipp, nicht die im
Buch!"

Da hörten sie einen durchdringenden
Schrei.

„Oh", sagte Anne ganz aufgeregt,
„das hat sich angehört, als ob es aus
dem kleinen Haus dort drüben
gekommen wäre."

Sie deutete wieder in den Nebel.

„Hier auf dem Bild ist auch so ein
kleines Haus", sagte Philipp. Unter
dem Bild stand:

Das Falkenhaus lag im inneren Bezirk des
Schlosses. Falken wurden abgerichtet, um
Vögel und kleine Tiere zu jagen.

Philipp schrieb in sein Notizbuch:

Falken im Falkenhaus

„Dann muss das hier der innere Bezirk sein", sagte Philipp.

„Hörst du das?", flüsterte Anne.

„Trommeln! Hörner! Das kommt aus dem Schloss! Das müssen wir uns ansehen!"

„Warte!", sagte Philipp. Er blätterte eine weitere Seite in dem Buch um.

„Ich will sehen, was passiert, Philipp. Nicht, was in dem Buch steht!"

„Aber schau doch her!", sagte Philipp.

Er deutete auf ein Bild, auf dem ein großes Fest zu sehen war. An der Tür standen Männer, die Trommeln schlugen und Hörner bliesen. Er las:

Fanfaren wurden geblasen, um die verschiedenen Gerichte bei dem Fest anzukündigen. Feste wurden in der Großen Halle gefeiert.

„Du kannst dir ja das Buch ansehen",
sagte Anne. „Ich seh mir lieber das Fest
in Wirklichkeit an."

„Warte", sagte Philipp und betrachtete
das Bild. Es zeigte Jungen in seinem
Alter, die Platten voller Essen
servierten. Halbe Schweine, Pasteten,
Pfaue im prachtvollen Federkleid …
Pfaue?

Philipp schrieb:

Essen sie Pfaue?

Er hielt das Buch hoch, um es Anne zu
zeigen. „Anne, sieh mal! Ich glaube, die
essen … Anne?"

Wo war sie bloß? Weg. Schon wieder!

Philipp sah in den Nebel. Er hörte die
wirklichen Trommeln und die wirklichen
Hörner. Er sah das wirkliche Falken-

haus, die wirkliche Windmühle und den wirklichen Burggraben.

Er sah, wie Anne über die wirkliche Zugbrücke rannte und hinter dem Tor verschwand, das in das Schloss führte.

Im Schloss

„Ich könnte sie umbringen!", murmelte
Philipp.

Er packte alles wieder in seinen
Rucksack und ging in Richtung
Zugbrücke. Hoffentlich würde ihn
niemand sehen. Es wurde immer
dunkler. Seltsam. Zu Hause war die
Sonne aufgegangen, und hier ging sie
gerade unter. Er betrat die Brücke. Die
Holzbohlen knarrten unter seinen
Schritten.

Er sah hinunter in den Burggraben.
Gab es wirklich Krokodile dort unten?
Schwer zu sagen.

„Stehen bleiben!", rief jemand. Eine

Wache auf der Schlossmauer sah zu ihm herunter.

Philipp rannte über die Brücke, durch das Schlosstor und in den Schlosshof.

Aus dem Schloss kamen Musik, Rufe und Gelächter. Philipp lief in eine dunkle Ecke und hockte sich nieder. Er sah sich nach Anne um. Fackeln erhellten die Mauer, die den Schloss-hof umgab. Der Hof war fast leer. Zwei Jungen führten ein Pferd, dessen Hufe auf dem grauen Pflaster klapperten.

„Üüahhh!"

Philipp zuckte zusammen. Das war das schwarze Pferd des Ritters!

„Pssst!", machte jemand.

Philipp sah angestrengt in die Dunkelheit. Da war Anne. Sie versteckte sich hinter dem Brunnen in der Mitte des Hofes. Sie winkte ihm zu.

Philipp winkte zurück. Er wartete, bis die Jungen mit dem Pferd im Stall verschwunden waren, dann rannte er zum Brunnen.

„Ich will zu der Musik", flüsterte Anne. „Kommst du mit?"

„Na gut", seufzte Philipp.

Sie schlichen über das Kopfstein- pflaster und schlüpften in den Eingang zum Schloss. Die Stimmen und die Musik kamen aus einem erleuchteten

Raum direkt vor ihnen. Sie spähten
hinein.

„Das Fest in der *Großen Halle*!",
flüsterte Philipp. Er hielt ehrfürchtig den
Atem an.

Feuer loderte in einem riesigen
Kamin am Ende des Raums. Geweihe
und kleine Teppiche hingen an den
Steinwänden. Blumen bedeckten den
Boden. Jungen in kurzen Gewändern
trugen riesige Teller mit Essen.

Unter den Tischen balgten sich Hunde um Knochen.

Leute in prächtigen Kleidern und lustigen Hüten schlenderten in der Menge umher. Einige spielten auf merkwürdig aussehenden Gitarren. Einige warfen Bälle in die Luft. Einige balancierten Schwerter auf ihren Händen.

Männer und Frauen in Umhängen und Pelzen saßen an langen Tischen.

„Wer von denen wohl der Ritter von vorhin ist?", fragte Philipp.

„Keine Ahnung", antwortete Anne. „Aber schau mal, sie essen mit den Fingern!"

Plötzlich schrie jemand hinter ihnen.

Philipp wirbelte herum.

Ein Mann, der eine Platte mit Pasteten trug, stand direkt hinter ihnen.

„Wer seid ihr?", fragte er und schaute
sie böse an.

„Philipp", krächzte Philipp.

„Anne", krächzte Anne.

Dann rannten sie so schnell sie
konnten den spärlich erleuchteten Flur
entlang.

Gefangen

„Komm schon!", rief Anne.

Philipp raste ihr hinterher. Ob ihnen jemand folgte?

„Hierher! Schnell!" Anne stürmte auf eine Tür zu, die vom Gang abging. Sie drückte die Tür auf, und die beiden stolperten in einen dunklen, kalten Raum. Die Tür fiel knarrend hinter ihnen zu.

„Gib mir die Taschenlampe", verlangte Anne. Philipp reichte sie ihr, und sie knipste sie an.

Oh Schreck, eine ganze Reihe Ritter, direkt vor ihnen! Anne knipste das Licht schnell wieder aus. Stille.

„Sie bewegen sich gar nicht",
flüsterte Philipp.

Anne machte das Licht wieder an.

„Es sind nur Rüstungen!", seufzte
Philipp erleichtert.

„Ohne Köpfe", sagte Anne.

„Gib mir mal die Taschenlampe, damit ich im Buch nachlesen kann", sagte Philipp.

Anne reichte ihm die Taschenlampe. Philipp holte das Ritter-Buch aus dem Rucksack. Er blätterte, bis er fand, was er suchte.

Dann packte er das Buch wieder ein.

„Diesen Raum nennt man Waffen-kammer", sagte er. „Hier werden alle Waffen aufbewahrt."

Er leuchtete mit der Taschenlampe im Raum umher.

„Sieh dir das an", flüsterte er. Der Lichtschein fiel auf schimmernde Brustpanzer, Armschienen und Beinschienen. Die Regale waren voller Helme und Waffen: Schilde, Speere, Armbrüste, Keulen und Streitäxte.

Aus der Halle drangen Geräusche
herein. Das waren Stimmen!

„Komm, wir verstecken uns!", rief
Anne.

„Moment", sagte Philipp. „Ich muss erst noch etwas überprüfen."

„Schnell!", drängte Anne.

„Es dauert nicht lange!", sagte Philipp. „Halt mal!"

Er reichte Anne die Taschenlampe und versuchte, einen Helm vom Regal zu nehmen. Er war viel zu schwer.

Da bückte sich Philipp und stülpte sich den Helm über den Kopf. Das Visier klappte zu.

Also wirklich, das war schlimmer, als einen Fünfjährigen auf dem Kopf zu tragen. Der Helm war mindestens so schwer wie ein Zehnjähriger. Nicht nur, dass Philipp seinen Kopf kaum heben konnte, er konnte auch nichts sehen!

„Philipp!" Annes Stimme klang so weit weg. „Die Stimmen kommen näher!"

„Mach die Taschenlampe aus!"
Philipps Stimme klang ganz hohl in dem
Helm.

Er bemühte sich, den Helm wieder
vom Kopf zu bekommen.

Plötzlich verlor er das Gleichgewicht
und fiel mit lautem Krachen in die
Rüstungen. Jetzt lag Philipp im Dunkeln
auf dem Boden. Er versuchte aufzustehen, aber sein Kopf war zu schwer.

Da hörte er tiefe Stimmen. Jemand packte ihn am Arm. Dann wurde ihm der Helm vom Kopf gerissen, und er blinzelte in das flackernde Licht einer Fackel.

Ausgetrickst!

Im Licht der Fackel sah Philipp, dass drei riesige Männer vor ihm standen.

Einer, der stark schielte, hielt die Fackel. Einer mit einem ganz roten Gesicht packte Philipp. Und einer mit einem langen Schnurrbart hielt Anne fest.

Anne schrie und trat um sich.

„Aufhören!", donnerte der mit dem langen Schnurrbart.

„Wer seid ihr?", fragte der mit dem roten Gesicht.

„Spione? Fremde? Ägypter? Römer? Perser?", fragte der Schielende.

„Nein, ihr Dummköpfe!", schrie Anne.

54

„Oh, nein!", stöhnte Philipp.

„Verhaftet sie!", befahl der Rot-
gesichtige.

„In den Kerker mit ihnen!", rief der
Schielende.

Die Wachen führten Philipp und Anne
aus der Waffenkammer. Philipp sah
verzweifelt zurück. Wo war sein Rucksack?

„Vorwärts!", sagte der eine und gab
ihm einen Schubs.

Philipp ging weiter.

Sie gingen den langen, dunklen Flur
entlang. Schielauge, Anne, Schnurrbart, Philipp und Rotgesicht. Es ging
eine schmale Wendeltreppe hinab.

Philipp hörte, wie Anne die Wachen
beschimpfte: „Dummköpfe! Feiglinge!
Wir haben doch überhaupt nichts
getan!"

Die Wachen lachten. Sie nahmen sie
gar nicht ernst.

Am Ende des Ganges war eine
schwere Eisentür mit einem großen
Riegel davor. Schielauge schob den
Riegel zurück und stieß die Tür auf. Sie
öffnete sich knarrend.

Philipp und Anne wurden in einen
kalten, feuchten Raum gestoßen. An den
schmutzigen Wänden hingen schwere
Ketten. Wasser tropfte von der Decke in
große Pfützen auf dem Boden. Es war
der unheimlichste Ort, den Philipp je
gesehen hatte.

„Wir sperren sie hier ein, bis das Fest vorüber ist. Dann übergeben wir sie dem Herzog", sagte Schielauge. „Er weiß, wie man mit Dieben umgeht."

„Morgen wird es eine Hinrichtung geben", sagte Schnurrbart.

„Wenn die Ratten sie nicht vorher auffressen!", sagte Rotgesicht.

Sie lachten.

Philipp sah, dass Anne seinen Rucksack hatte. Ganz langsam machte sie den Verschluss auf.

„Kommt, ketten wir die beiden an!", sagte Schielauge.

Die Wachen kamen auf sie zu. Da zog Anne die Taschenlampe aus dem Rucksack.

„Trara!", rief sie.

Die Wachen erstarrten und sahen auf die glänzende Taschenlampe in Annes

Hand. Sie machte die Taschenlampe
an. Die Wachen schnappten nach Luft
und sprangen erschreckt zurück.
Schielauge ließ die Fackel fallen. Sie
fiel in eine der Pfützen auf dem Boden,
zischte und ging aus.

„Mein Zauberstab!", sagte Anne und
wedelte mit der Taschenlampe. „Runter
mit euch, oder ich werde euch alle
verzaubern!"

Philipp sah sie mit offenem Mund an.

Anne leuchtete den Männern der Reihe nach ins Gesicht. Sie heulten auf und bedeckten ihre Gesichter mit den Händen.

„Runter mit euch! Alle! Runter!", befahl Anne.

Einer nach dem anderen legten sich die Wachleute auf den nassen Boden.

Philipp konnte es kaum glauben.

„Komm", sagte Anne zu ihm. „Gehen wir."

Philipp schaute auf die offene Tür. Dann auf die am Boden kauernden Wachen.

„Beeil dich!", rief Anne.

Mit einem Sprung folgte Philipp seiner Schwester aus dem schrecklichen Verlies.

Der Geheimgang

Anne und Philipp rannten die Wendeltreppe nach oben und dann den langen
Korridor entlang.

Sie waren noch nicht weit gekommen,
als sie Rufe hinter sich hörten.

In der Ferne bellten Hunde.

„Sie kommen!", rief Anne.

„Hier hinein!", sagte Philipp.

Er stieß die nächste Tür auf und zog
Anne in einen dunklen Raum.

Philipp schloss die Tür. Dann
leuchtete Anne mit der Taschenlampe
durch das Zimmer. Hier standen reihen-
weise Säcke und hölzerne Fässer.

„Ich schau mal im Buch nach, wo wir

überhaupt sind", sagte Philipp. „Gibst
du es mir?" Anne reichte ihm die
Taschenlampe und seinen Rucksack.
Philipp nahm das Buch heraus und
begann zu blättern.

„Psst!", machte Anne. „Da kommt
jemand!"

Philipp hielt den Atem an. Das Licht
einer Fackel tanzte wild über die Säcke
und Fässer. Dann fiel die Tür zu, und
es wurde wieder dunkel.

„Oh, Mann!", flüsterte Philipp. „Wir müssen uns beeilen. Die kommen bestimmt zurück!"

Mit zitternden Händen blätterte er in dem Ritter-Buch.

„Hier ist eine Karte von dem Schloss", sagte er. „ Schau, das muss der Raum sein, in dem wir gerade sind, ein Vorratsraum." Philipp las weiter. „Das sind Säcke voller Mehl und Fässer voller Wein."

„Wenn schon! Wir müssen weg, ehe sie wiederkommen!", sagte Anne.

„Aber sieh doch, hier ist eine Falltür." Philipp deutete auf die Karte und las vor:

Diese Falltür führt vom Vorratsraum durch einen Geheimgang zur Mauer am Burggraben.

„Diese Falltür müssen wir finden!",
sagte Philipp.

Er betrachtete sich die Karte ganz
genau und leuchtete dann mit der
Taschenlampe durch den Raum. Der
Boden war mit Steinplatten gepflastert.
Auf der Karte war die Falltür fünf
Platten von der Tür entfernt einge-
zeichnet.

Philipp leuchtete auf den Boden und zählte: „Eins, zwei, drei, vier, fünf."

Er stampfte mit dem Fuß auf die fünfte Platte. Sie war lose.

Er legte die Taschenlampe auf den Boden. Mit den Fingern griff er unter die Platte und versuchte, sie hochzuheben.

„Hilf mir!", flüsterte Philipp.

Zusammen hoben sie die Steinplatte hoch. Darunter war eine kleine, hölzerne Tür.

Philipp und Anne zogen an dem Seilgriff an der Tür. Die Tür ging knarrend auf.

Philipp leuchtete in das schwarze Loch. „Da ist 'ne kleine Leiter!", sagte er. „Komm!"

Er befestigte die Taschenlampe am Gürtel und tastete sich nach unten. Anne folgte ihm.

Als sie das Ende der Leiter erreicht hatten, leuchtete Philipp in einen niedrigen Tunnel. Er bückte sich und ging in das unheimliche, feuchte Loch hinein. Die Taschenlampe wurde immer schwächer. Waren etwa die Batterien leer?

„Ich glaube, unser Licht geht bald aus", sagte er zu Anne.

„Dann beeil dich!", rief sie.

Philipp ging schneller. Sein Rücken tat ihm schon weh vom Bücken. Das Licht wurde schwächer und schwächer. Er wollte unbedingt aus dem Schloss heraus, ehe die Batterien völlig leer waren.

Endlich kamen sie zu einer weiteren Holztür. Die Tür am Ende des Tunnels!

Philipp öffnete die Tür und stieß sie auf. Er streckte den Kopf nach draußen,

konnte aber nichts sehen in der nebligen Dunkelheit. Die frische Luft tat gut. Er atmete tief ein.

„Wo sind wir?", flüsterte Anne hinter ihm. „Siehst du etwas?"

„Nein, aber ich glaube, wir sind aus dem Schloss raus", antwortete Philipp. „Ich finde es gleich heraus!"

Er steckte die Taschenlampe in den Rucksack, setzte den Rucksack auf und tastete mit der Hand nach draußen. Er konnte keinen Boden fühlen.

„Ich geh am besten mit den Füßen zuerst!", flüsterte er.

Philipp drehte sich in dem engen Gang um und legte sich auf den Bauch. Er streckte einen Fuß aus der Tür. Dann den zweiten. Er schob sich immer weiter aus der Tür, bis er nur noch am Rand hing.

„Ich habe immer noch keinen Boden unter den Füßen!", sagte er. „Du musst mich wieder hochziehen!"

Anne griff nach seinen Händen. „Ich kann dich nicht halten!", rief sie.

Philipps Finger rutschten ab, und er fiel in die dunkle Tiefe.

PLATSCH!

Der Ritter

Das kalte Wasser schlug über ihm zusammen. Philipp bekam Wasser in die Nase. Seine Brille rutschte ihm herunter. Er konnte sie gerade noch auffangen. Er hustete und wedelte mit den Armen.

„Philipp!", rief Anne von oben.

„Ich bin im … Burggraben!", rief Philipp zurück und schnappte nach Luft.

Er strampelte und setzte sich die Brille wieder auf. Mit dem Rucksack, den Schuhen und den schweren Kleidern konnte er sich kaum über Wasser halten.

PLATSCH!

„Hei, da bin ich!", sagte Anne und
hustete.

Philipp konnte sie hören, aber nicht
sehen. „Wo geht's raus?", fragte Anne.

„Weiß nicht!", antwortete Philipp.
„Schwimm einfach los!"

Philipp paddelte durch das dunkle
Wasser. Er hörte Anne. Zuerst schien
sie vor ihm zu schwimmen. Aber dann
hörte er ein Planschen hinter sich.

„Anne?", fragte er.

„Was?" Ihre Stimme kam von vorne.

Noch ein Planschen. Hinter ihm!
Philipps Herz setzte beinahe aus.
Krokodile! Durch seine beschlagenen
Brillengläser konnte er nichts sehen.

„Anne", flüsterte er.

„Was?"

„Schwimm schneller!"

„Ich bin fast am Ufer!", flüsterte sie.

Philipp schwamm auf ihre Stimme zu.
Er stellte sich vor, wie die Krokodile ihn
verfolgten. Noch ein Planschen. Ganz
in der Nähe!

Philipps Hand berührte etwas
Nasses, Lebendiges.

„Aaahhhh!", schrie er entsetzt.

„Ich bin's nur, Philipp. Nimm meine
Hand!"

Anne zog ihn aus dem Graben, und

sie setzten sich auf das nasse Gras an der Böschung.

Endlich: in Sicherheit!

Aus dem Wasser kam ein weiteres Planschen.

„Uff!", stöhnte Philipp. Er zitterte am ganzen Körper. Seine Zähne klapperten. Er wischte die Brillengläser ab.

Es war so neblig, dass sie nicht einmal das Schloss sehen konnten. Nicht einmal den Burggraben, geschweige denn die Krokodile!

„Wir … wir haben es geschafft!", murmelte Anne und klapperte auch mit den Zähnen.

„Schon", sagte Philipp. „Aber wo sind wir?" Er blinzelte in die Dunkelheit.

Wo war die Zugbrücke? Wo die Wind-mühle, das Falkenhaus, das Wäldchen und das Baumhaus? Alles hatte die neblige Finsternis verschlungen.

Philipp griff in seinen nassen Rucksack und holte die Taschenlampe heraus. Er drückte den Schalter. Nichts. Sie saßen fest – nicht in einem Verlies, sondern in der kalten, nebligen Dunkelheit.

„Üüahhh!" Ein Pferd wieherte.

In dem Moment rissen die Wolken auf, und der volle Mond schien am Himmel. Mondlicht drang durch den Nebel.

Da sahen Philipp und Anne ihn, er war nur wenige Schritte von ihnen entfernt: der Ritter.

Er saß auf seinem schwarzen Pferd. Seine Rüstung schimmerte im Mondlicht. Das Visier verbarg sein Gesicht, aber er schien Philipp und Anne anzuschauen.

Ritt im Mondlicht

Philipp erstarrte.

„Er ist es!", flüsterte Anne.

Der Ritter streckte ihnen seine Hand im Eisenhandschuh hin.

„Komm schon, Philipp!", sagte Anne.

„Wo willst du denn hin?", fragte er.

„Er will uns helfen", antwortete Anne.

„Woher weißt du das?", fragte Philipp.

„Ich weiß es eben", sagte Anne und ging auf das Pferd zu.

Der Ritter stieg ab, hob Anne hoch und setzte sie auf sein Pferd.

„Komm schon, Philipp!", rief sie.

Philipp ging langsam auf den Ritter zu. Es war wie im Traum.

Der Ritter hob ihn hinter Anne auf sein Pferd. Dann stieg er selbst wieder auf und setzte sich hinter die beiden Geschwister.

Er schnalzte mit den Zügeln, und das schwarze Pferd trabte am Burggraben entlang. Das Wasser glitzerte im Mondlicht.

Philipp schaukelte im Sattel hin und her. Wind blies ihm durch die Haare. Er fühlte sich plötzlich sehr mutig und stark. Er hatte das Gefühl, als könne er für immer weiterreiten auf diesem Pferd. Mit dem geheimnisvollen Ritter. Über die Meere, ja über den Mond!

Ein Falke schrie in der Dunkelheit.

„Da ist ja das Baumhaus", sagte Anne. Sie deutete auf das kleine Wäldchen vor ihnen.

Der Ritter lenkte das Pferd darauf zu.

„Siehst du, da ist es", sagte Anne und deutete auf die Leiter.

Der Ritter hielt sein Pferd an und stieg ab. Dann half er den Geschwistern vom Pferd.

„Danke schön, Herr Ritter", sagte Anne und machte einen Knicks.

„Danke schön", sagte auch Philipp und verbeugte sich.

Der Ritter ging zurück zu seinem Pferd, schnalzte mit den Zügeln und ritt in den Nebel.

Anne kletterte die Leiter hoch, und Philipp folgte ihr. Oben im Baumhaus sahen sie aus dem Fenster. Der Ritter ritt auf die äußere Mauer zu und dann durch das äußere Tor. Wolken schoben sich wieder vor den Mond.

Für einen kurzen Augenblick glaubte Philipp, die Ritterrüstung auf dem Hügel hinter dem Schloss aufblinken zu sehen.

Dann verdeckten die Wolken den Mond wieder völlig, und weißer Nebel verschluckte das ganze Land.

„Er ist weg!", flüsterte Anne.

Philipp zitterte in den nassen Kleidern.

„Mir ist auch kalt!", sagte Anne. „Wo ist das Buch über Pennsylvania?"

Philipp hörte, dass Anne in der Dunkelheit herumkramte. Aber er schaute weiter aus dem Fenster.

„Ich glaube, das ist es", sagte Anne. „Ich kann das seidene Lesezeichen fühlen."

Philipp hörte gar nicht richtig zu. Er hoffte, dass er die Ritterrüstung noch mal in der Ferne schimmern sehen würde.

„Okay, ich nehme das hier. Ich glaube, es ist das richtige. Also dann ... ich deute ... jetzt wünsche ich: Ich wünsche, wir wären wieder in Pepper Hill!"

Philipp hörte, wie ein Wind aufkam. Ganz sanft zunächst.

„Ich hoffe nur, dass ich auf das richtige Bild im richtigen Buch gedeutet habe!"

„Was?" Philipp starrte sie an.

„Richtiges Bild? Richtiges Buch?"

Das Baumhaus begann zu
schaukeln, der Wind wurde stärker.

„Ich hoffe, es war nicht das
Dinosaurier-Buch!", sagte Anne.

„Halt!", schrie Philipp.

Zu spät. Das Baumhaus begann, sich
zu drehen. Immer schneller. Der Wind
heulte. Dann war plötzlich alles wieder
still. Totenstill.

Ein Rätsel gelöst

Die Luft war warm. Der Morgen dämmerte. In der Ferne bellte ein Hund.

„Ich glaube, das ist Henry, der da bellt", sagte Anne. „Wir sind wirklich zu Hause."

Die beiden schauten aus dem Fenster des Baumhauses.

„Das war knapp!", sagte Philipp.

In der Ferne sahen sie die Laternen ihrer Straße. Aus dem Fenster ihres Hauses im oberen Stock schien auch Licht.

„Oje!", sagte Anne. „Ich glaube, Mama und Papa sind schon auf. Beeil dich!"

„Warte!" Philipp öffnete seinen Rucksack und nahm das Ritter-Buch heraus. Es war ziemlich nass. Philipp legte es zurück zu den anderen Büchern.

„Komm schon!", drängte Anne und kletterte schnell nach draußen.

Philipp folgte ihr. Sie rannten zurück durch den Wald und die stille Straße entlang. Leise schlichen sie über den Hof und zur Verandatür hinein.

„Sie sind noch nicht unten", flüsterte Anne.

„Psst!", machte Philipp.

Er schlich voran, die Treppe hinauf und den Flur entlang. Nichts zu sehen von Mama und Papa. Aber er hörte, dass im Bad das Wasser lief.

Ihr Haus war so anders als das dunkle, kalte Schloss. So sicher, freundlich und gemütlich!

Ehe Anne in ihrem Zimmer verschwand, lächelte sie Philipp zu.

In seinem Zimmer zog Philipp gleich die nassen Kleider aus und seinen trockenen, weichen Schlafanzug an. Dann setzte er sich und öffnete seinen Rucksack. Er nahm das feuchte Notizbuch heraus und griff nach seinem Stift. Aber seine Hand ertastete etwas anderes.

Philipp zog das blaue, lederne Lesezeichen heraus. Es musste aus dem
Ritter-Buch herausgefallen sein.

Philipp hielt das Lesezeichen unter
seine Lampe und sah es sich genauer
an. Das Leder war ziemlich abgewetzt
und sah alt aus. Jetzt erst fiel Philipp
der Buchstabe auf dem Leder auf: ein
verschnörkeltes M. Philipp holte das
goldene Medaillon aus seiner Schublade. Darauf war das gleiche M.

Das war ja erstaunlich! Immerhin war damit ein Rätsel gelöst! Demjenigen, der das Medaillon bei den Dinosauriern verloren hatte, gehörten also auch die Bücher im Baumhaus!

Aber wer war diese Person?

Philipp legte das Lesezeichen neben das Medaillon in die Schublade und machte sie nachdenklich zu.

Er kramte seinen Stift aus dem Rucksack und schrieb vorsichtig in sein feuchtes Notizbuch:

Dasselbe

Aber ehe er das M dahinter malen konnte, fielen ihm die Augen zu.

Philipp träumte von dem Ritter. Sie ritten wieder zu dritt auf dem schwarzen Pferd durch die kühle,

dunkle Nacht. Aus der äußeren
Schlossmauer hinaus, über mond-
beschienene Hügel, in den weißen
Nebel hinein.

Das magische Baumhaus

Den Gorillas
auf der Spur
Mary Pope Osborne

Band 24

Im Land der
ersten Siedler
Mary Pope Osborne

Band 25

Abenteuer in
der Südsee
Mary Pope Osborne

Band 26

Der Auftrag des
Roten Ritters
Mary Pope Osborne

Band 27

Das verzauberte
Spukschloß
Mary Pope Osborne

Band 28

Das mächtige
Zauberschwert
Mary Pope Osborne

Band 29

Loewe

Jeder Band ein Abenteuer!

Band 30   Band 31   Band 32

Im Tal der Dinosaurier (Bd. 1)

Das Geheimnis der Mumie (Bd. 3)

Der Schatz der Piraten (Bd. 4)

Im Land der Samurai (Bd. 5)

Gefahr am Amazonas (Bd. 6)

Im Reich der Mammuts (Bd. 7)

Abenteuer auf dem Mond (Bd. 8)

Der Ruf der Delfine (Bd. 9)

Das Rätsel der Geisterstadt (Bd. 10)

Im Tal der Löwen (Bd. 11)

Auf den Spuren der Eisbären (Bd. 12)

Im Schatten des Vulkans (Bd. 13)

Im Land der Drachen (Bd. 14)

Insel der Wikinger (Bd. 15)

Auf der Fährte der Indianer (Bd. 16)

Im Reich des Tigers (Bd. 17)

Rettung in der Wildnis (Bd. 18)

Abenteuer in Olympia (Bd. 19)

Im Auge des Wirbelsturms (Bd. 20)

Gefahr in der Feuerstadt (Bd. 21)

Verschollen auf hoher See (Bd. 22)

Das Geheimnis des alten Theaters (Bd. 23)

Mary Pope Osborne lernte schon als Kind viele Länder kennen. Mit ihrer Familie lebte sie in Österreich, Oklahoma, Florida und anderswo in Amerika. Nach ihrem Studium zog es sie wieder in die Ferne, und sie reiste viele Monate durch Asien. Schließlich begann sie zu schreiben und war damit außerordentlich erfolgreich. Bis heute sind schon über vierzig Bücher von Mary Pope Osborne erschienen. Das magische Baumhaus ist in den USA eine der beliebtesten Kinderbuchreihen.

Jutta Knipping, geboren 1968, hat erst eine Ausbildung zur Druckvorlagenherstellerin absolviert, bevor sie in Münster Visuelle Kommunikation studierte. Schon während ihres Studiums hat sie erste Bücher illustriert. Mittlerweile ist sie freiberuflich als Grafik-Designerin und Illustratorin tätig. Jutta Knipping lebt mit ihrem Mann in der Nähe von Osnabrück und lässt sich von ihrem Kater Momo gern bei der Arbeit zugucken.